하루 한 장으로 시작하는

초등 첫 일기 필사

②

하루 한 장으로 시작하는

초등 첫 일기 필사 2권

초판 인쇄 2025년 12월 23일
초판 발행 2025년 12월 31일

지은이 서미화
발행인 조현수
펴낸곳 도서출판 더로드
기획 조영재
디자인 디자인붐 정의도
주소 경기도 파주시 광인사길 68, 201-4호
전화 031) 942-5364, 5366
팩스 031-942-5368
이메일 provence70@naver.com
등록번호 제2015-000135호
등록 2015년 6월 18일
ISBN 979-11-6338-503-5 (14370)
ISBN 979-11-6338-501-1 (세트)

정가 15,000원
파본은 구입처나 본사에서 교환해드립니다.

읽기-생각-쓰기, 초등 글쓰기의
기초를 완성하는 일기 훈련 프로그램

하루 한 장으로 시작하는

초등 첫 일기 필사

2

서미화 지음

도서출판 더로드
The Road Books

들어가는 말

"따라 쓰는 것부터 시작하는 우리 아이 첫 일기"

세 아이의 엄마가 되어 20년을 보내는 동안, 제게 육아는 오리고, 붙이고, 쓰는 긴 여정이었습니다. 첫째 아이가 어린이집에서 받아 온 작은 종이를 오리고, 둘째 아이가 자신만의 색으로 그림을 그리고, 막내가 그 위에 무언가를 덧붙이며 세상을 배워 가는 모습 속에서 하루하루 새로운 발견을 했습니다. 아이를 키우는 일은 매 순간이 다르고, 생각보다 쉽지 않습니다. 그리고 그 긴 여정의 한가운데서 저는 '일기쓰기'라는 아주 특별한 과제를 만나게 되었습니다.

처음에는 한 문장을 쓰는 것만으로도 충분했습니다. 오늘의 날씨, 먹은 음식, 놀았던 일, 친구와 나눈 소소한 이야기처럼 아주 작은 경험도 좋았습니다. "오늘은 햇빛이 반짝여서 기분이 좋았다." "유치원에서 친구랑 블록을 쌓으며 놀았다." 정말 소박한 한 줄이었습니다. 그런데, 그 한 줄을 아이 스스로 써 보는 일은 생각보다 쉽지 않았습니다.

어떤 날은 아이가 자리에 앉아 한참을 고민하다가 "엄마, 뭐라고 써야 할지 모르겠어."라고 말하곤 했습니다. 그럴 때면 아이 곁에 앉아 하루를 하나씩 되짚어 주거나, "오늘은 어떤 점이 재미있었니?" 하고 물어보았습니다. 그럼에도 한 문장을 완성하지 못한 채 연필을 내려놓는 날도 적지 않았습니다.

또 어떤 날은 아이가 말한 한마디를 제가 받아 적고, 아이가 그 문장을 다시 따라 써 보게 하기도 했습니다. 미완성된 일기로 하루를 마무리한 날도 많았고, "오늘은 그냥 그림만 그릴래." 하며 그림 한 장으로 일기를 대신한 날도 있었습니다. 매일 일기를 써야 한다는 부담은 아이에게도, 때로는 저에게도 꽤 큰 짐이었습니다. 아이들을 키우며 저는 '일기쓰기는 누구에게나 쉬운 일이 아니다'라는 사실을 몸소 깨닫게 되었습니다.

머릿속의 생각을 꺼내 문장으로 만드는 일에는 생각보다 많은 에너지가 필요합니다. 이제 막 글을 배우기 시작한 아이에게 그 일을 자연스럽게 해내길 바라는 것이 과연 옳은 일일까, 스스로에게 여러 번 질문하게 되었습니다.

그러다 보니 자연스럽게 또 하나의 질문이 떠올랐습니다. '아이들이 어떻게 하면 스스로 일기를 쓰게 될까?' 억지로 시키는 대신, "아, 일기란 이런 거구나." 하고 감을 잡으며 조금씩 자기 이야기를 써 내려가게 하려면 무엇이 필요할까 고민했습니다. 그 답은 생각보다 가까운 곳에 있었습니다. 바로 '따라 쓰기'였습니다.

글쓰기는 모방에서 시작됩니다. 누군가의 글을 따라 써 보고, 좋은 문장을 내 손으로 옮겨 적는 과정 속에서 글쓰기의 기초는 자연스럽게 다져집니다. 아이가 말을 배울 때도 처음에는 어른의 말을 따라 하며 언어의 규칙을 익히지요. 일기쓰기 역시 다르지 않았습니다. 일기를 잘 쓰는 친구의 글, 엄마가 써 준 짧은 일기, 동화책 속에서 마음에 드는 한 문장을 반복해서 읽고 베껴 쓰는 것만으로도 아이의 글쓰기는 한 뼘씩 자라납니다.

그래서 이 책에는 아이가 부담 없이 따라 쓸 수 있는 다양한 일기 예시를 담았습니다. 재미있는 한 문장에서 시작해, 점차 이야기를 이어 갈 수 있도록 단계적으로 구성했습니다. 하루에 한 문장, 혹은 두세 문장만 따라 써도 충분합니다. 오늘은 힘들다면 그림을 그리거나, 엄마 아빠가 불러 주는 문장을 적어 보는 것도 좋습니다. 중요한 것은 '매일 조금씩' 글쓰기의 경험을 쌓는 일입니다.

처음에는 단순히 따라 쓰기에서 출발하지만, 어느 순간 아이는 자신만의 문장을 만들어 내고 작은 이야기 한 편을 완성하는 기쁨을 맛보게 될 것입니다. 그리고 언젠가 "오늘은 이런 일이 있었어요." 하며 스스로 일기장을 펼치는 날이 찾아올 것입니다.

저 역시 세 아이를 키우며 이 과정을 지나왔습니다. 불안과 걱정, '내가 잘하고 있는 걸까?' 하는 의심이 들 때도 있었지만, 아이가 한 줄 한 줄 적어 내려가며 자라나는 모습을 보며 이 길이 맞다는 확신을 얻었습니다. 일기쓰기는 누군가를 위한 숙제가 아니라, 나를 표현하는 소중한 연습입니다. 하루를 돌아보고 마음을 글로 옮기며 스스로를 이해해 가는 과정이기도 합니다.

이제 우리 아이의 첫 일기쓰기가 시작됩니다. 부담 없이, 즐겁게 다양한 글을 따라 써 보며 '글'이라는 새로운 친구를 만나게 해 주세요. 한 문장이 두 문장이 되고, 두 문장이 세 문장이 되면서 아이는 자연스럽게 글쓰기의 세계에 발을 들여놓게 될 것입니다.

그리고 무엇보다 중요한 사실이 있습니다. 이 길에는 엄마, 아빠라는 선생님이 함께합니다. 아이는 혼자가 아닙니다. 곁에서 응원하고 함께 고민해 주는 어른이 있다면, 그 어떤 어려움도 이겨 낼 수 있습니다.

부디 이 책이 우리 아이들의 글쓰기에 작은 씨앗이 되기를 바랍니다. 오늘 한 줄을 따라 쓰는 것으로 시작해, 언젠가는 아이 스스로 글을 완성하며 성취감을 느끼는 그날까지, 저는 응원하겠습니다.

그리고 기억해 주세요. 완벽하지 않아도 괜찮습니다.

따라 쓰는 것부터 시작하는 우리 아이의 첫 일기, 지금 시작해 보세요.

이 책의 구성 및 활용 방법

① 친구랑 보드게임 했던 날

쓰기 위한 읽기

제목 : 보드게임

방과 후에 친구와 함께 세계여행 보드게임을 했다. 처음에는 내가 이길 것 같았는데, 마지막에 친구가 역전해서 결국 지고 말았다. 그래도 보드게임을 하면서 나라 이름과 수도 이름을 알게 되어 재미있었다. 다음에는 꼭 더 많은 나라를 가지고 싶다.

1단계 [쓰기 위한 읽기]

아이가 일기와 처음 만나는 시간입니다. 하루의 한 장면을 담은 짧은 일기를 천천히 읽어 주세요. 특별한 사건이 아니라, 아이도 충분히 겪었을 법한 소소한 이야기이기 때문에 아이는 자연스럽게 자신의 하루를 떠올리게 될 것입니다. 이 과정을 통해 아이는 "이런 일도 일기가 되는구나" 하고 느끼게 됩니다.

이 단계에서는 설명을 덧붙일 필요가 없습니다. 어떻게 썼는지, 왜 이렇게 썼는지를 알려 주지 않아도 괜찮습니다. 아이는 글을 읽으며 문장의 분위기와 흐름을 그대로 받아들이게 됩니다. 일기를 분석하는 시간이 아니라, 글을 편안하게 만나는 시간입니다.

부모는 그저 읽어 주거나 함께 조용히 읽기만 해 주세요. 이 경험은 아이에게 일기가 어렵지 않은 글이라는 인상을 남깁니다. 이렇게 쌓인 첫 인상이 이후의 글쓰기 과정을 훨씬 부드럽게 만들어 줄 것입니다.

쓰기 위한 생각

★ **따라 쓰는 한마디**

"게임은 결과보다 함께하는 시간이 중요해!"

★ **오늘의 기분 표시하기**

☺ 신났다 ☹ 당황했다 ☺ 졸렸다 ☹ 속상했다 ☺ 평범했다

★ **오늘 그려보기**

보드게임 하는 모습, 친구와 웃는 장면을 그려보세요!

2단계 [쓰기 위한 생각]

아이가 글을 쓰기 전에 하루를 떠 올리는 시간입니다.
오늘 하루를 떠올리며 어떤 기분이었는지, 무엇이 가장 기억에 남는지를 질문으로 가볍게 꺼내 봅니다. 말로 떠올리기 어려워하면 기분 얼굴을 고르거나 짧은 말로 표현해도 충분합니다. 여기에 그림이 더해집니다. 오늘 있었던 한 장면을 자유롭게 그려 보며, 머릿속에 흩어져 있던 생각들을 조금씩 모아주세요.

그림을 잘 그릴 필요는 전혀 없습니다. 그림은 보여 주기 위한 결과물이 아니라, 생각을 꺼내기 위한 도구이기 때문입니다. 아이는 그림을 그리며 "이때 내가 늦게 일어났어", "이 장면이 제일 기억나" 하고 자신의 이야기를 자연스럽게 꺼낼 수 있습니다. 아이의 말 한마디 한마디가 글의 재료가 된다는 것을 기억해 주세요.

부모는 아이의 그림을 평가하지 않고, 바라봐 주세요. "이건 어떤 장면이야?", "이때 기분은 어땠어?"처럼 가벼운 질문이면 충분합니다. 2단계는 글을 잘 쓰기 위한 시간이 아니라, 쓸 말을 미리 꺼내 놓는 준비 시간입니다. 이 과정을 거친 아이는 다음 단계에서 훨씬 편안한 마음으로 글을 쓰게 됩니다.

일기 따라 쓰기

제목 : 보드게임

방과 후에 친구와 함께 세계여행 보드게임을 했다. 처음에는 내가 이길 것 같았는데, 마지막에 친구가 역전해서 결국 지고 말았다. 그래도 보드게임을 하면서 나라 이름과 수도 이름을 알게 되어 재미있었다. 다음에는 꼭 더 많은 나라를 가지고 싶다.

3단계 [일기 따라 쓰기]

아이가 글의 모양과 흐름을 몸으로 익히는 시간입니다. 앞에서 읽었던 일기를 그대로 따라 쓰며, 일기가 어떻게 시작되고 어떤 순서로 이어지는지를 자연스럽게 경험합니다. 이때 문장을 배우려고 애쓰지 않아도 됩니다. 손으로 한 글자씩 써 내려가는 과정 자체가 글의 흐름을 익히는 연습이 됩니다.

따라 쓰는 과정에서 틀린 글자는 고치지 않아도 괜찮습니다. 중요한 것은 정확함이 아니라, 끝까지 써 보았다는 경험입니다. 아이는 따라 쓰기를 하며 '일기는 이렇게 흘러가는 글이구나' 하고 감각적으로 느끼게 될 것입니다.

빨리 쓰라고 재촉하지 않아도 되고, 잘 썼는지 평가할 필요도 없습니다. 손으로 문장을 따라 쓰는 이 시간은 아이에게 글쓰기를 부담이 아닌 익숙한 활동으로 만들어 줍니다. 이렇게 쌓인 경험이 다음 단계에서 자기 이야기를 쓰는 힘이 됩니다.

일기 쓰기 팁!

오늘의 명장면, 게임에서 느낀 점을 한 줄로 써보세요..

쓰기 위한 쓰기 … 나만의 이야기를 세 문장으로 표현해 보세요.

제목 :

4단계 [쓰기 위한 쓰기]

아이가 자기 이야기를 자신의 글로 옮겨 보는 시간입니다. 앞선 단계에서 말로 풀어 보고, 그림으로 표현했던 하루를 떠올리며 이제 글로 써 봅니다. 무엇부터 써야 할지 막막하지 않도록, 이미 꺼내 놓은 생각과 그림이 자연스럽게 길잡이가 되어 줄 것입니다.

이때 문장의 개수에는 정답이 없습니다. 한 문장이어도 괜찮고, 두세 문장이어도 충분합니다. 길게 쓰는 것보다 중요한 것은 '내가 겪은 하루'를 글로 남겼다는 경험입니다. 아이는 글을 완성했다는 사실만으로도 큰 성취감을 느낍니다.

부모는 이 단계에서 교정자가 되기보다 첫 번째 독자가 되어 주세요. 맞춤법이나 표현을 고치기보다, 아이가 느낀 감정을 짚어 주며 댓글로 마음을 표현을 보세요. "그때 정말 속상했겠다", "그래서 기분이 좋았구나" 같은 공감 한마디가 아이에게는 다음 일기를 쓰게 하는 가장 좋은 응원이 됩니다.

부모의 댓글 쓰기, 아이의 글쓰기를 즐겁게 만들어 주는 큰 도구입니다.

차례

1장 · 놀이와 취미

2장 · 계절과 날씨

3장 · 디지털과 일상

4장 · 학교와 사회

40일 매일 체크

1주	1	2	3	4	5
2주	6	7	8	9	10
3주	11	12	13	14	15
4주	16	17	18	19	20
5주	21	22	23	24	25
6주	26	27	28	29	30
7주	31	33	33	34	35
8주	36	37	38	39	40

1장

놀이와 취미

① 친구랑 보드게임 했던 날

쓰기 위한 읽기

제목 : 보드게임

방과 후에 친구와 함께 세계여행 보드게임을 했다. 처음에는 내가 이길 것 같았는데, 마지막에 친구가 역전해서 결국 지고 말았다. 그래도 보드게임을 하면서 나라 이름과 수도 이름을 알게 되어 재미있었다. 다음에는 꼭 더 많은 나라를 가지고 싶다.

쓰기 위한 생각

★ 따라 쓰는 한마디

"게임은 결과보다 함께하는 시간이 중요해!"

★ 오늘의 기분 표시하기

☺ 즐거웠다 ☹ 당황했다 ☹ 아쉬웠다 ☹ 속상했다 😐 평범했다

★ 오늘 그려보기

보드게임 하는 모습, 친구와 웃는 장면을 그려보세요!

일기 따라 쓰기

제목 : 보드게임

방과 후에 친구와 함께 세계여행 보드게임을 했다. 처음에는 내가 이길 것 같았는데, 마지막에 친구가 역전해서 결국 지고 말았다. 그래도 보드게임을 하면서 나라 이름과 수도 이름을 알게 되어 재미있었다. 다음에는 꼭 더 많은 나라를 가지고 싶다.

일기 쓰기 팁!

오늘의 명장면, 게임에서 느낀 점을 한 줄로 써보세요..

쓰기 위한 쓰기 … 나만의 이야기를 세 문장으로 표현해 보세요.

제목 :

② 좋아하는 캐릭터 이야기

쓰기 위한 읽기

제목 : 내가 좋아하는 만화 캐릭터

친구들과 좋아하는 만화 캐릭터에 대해 이야기했다. 각자 좋아하는 캐릭터가 달라서 이야기하는 내내 신이 났다. 내가 왜 그 캐릭터를 좋아하는지 설명하는 것도 즐거웠다. 중간에 내 캐릭터가 마음에 든다며 바꾸자고 한 친구가 있어서 조금 당황했지만, 재미있는 시간이었다.

쓰기 위한 생각

★ 따라 쓰는 한마디

내가 좋아하는 캐릭터를 설명하는 것도 즐거웠다.

★ 오늘의 기분 표시하기

☺ 신났다 ☺ 즐거웠다 ☺ 흥미로웠다 ☺ 재밌었다 ☺ 부러웠다

★ 오늘 그려보기

캐릭터 그림이나, 친구와 대화하는 장면을 그려보세요!

일기 따라 쓰기

제목 : 내가 좋아하는 만화 캐릭터

친구들과 좋아하는 만화 캐릭터에 대해 이야기했다. 각자 좋아하는 캐릭터가 달라서 이야기하는 내내 신이 났다. 내가 왜 그 캐릭터를 좋아하는지 설명하는 것도 즐거웠다. 중간에 내 캐릭터가 마음에 든다며 바꾸자고 한 친구가 있어서 조금 당황했지만, 재미있는 시간이었다.

일기 쓰기 팁!

내가 좋아하는 캐릭터에 대해서 이야기해 보고 이유를 한 줄로 써보세요.

쓰기 위한 쓰기 … 나만의 이야기를 세 문장으로 표현해 보세요.

제목 :

③ 집에서 혼자 그림 그린 날

쓰기 위한 읽기

제목 : 혼자 그림 그린 날

집에서 혼자 그림을 그렸다. 먼저 색연필로 파란 하늘에 커다란 구름을 그리고, 구름 위에는 토끼가 앉아 있는 모습을 그렸다. 그 옆에는 무지개 미끄럼틀을 타는 가족도 그렸다. 그림을 다 완성하고 엄마에게 보여주니 정말 멋지다며 칭찬해주셨다. 그림을 그릴 때가 가장 행복하다.

쓰기 위한 생각

★ 따라 쓰는 한마디

그림을 그릴 때가 가장 행복하다.

★ 오늘의 기분 표시하기

☺ 뿌듯했다 ☺ 만족했다 ☺ 졸렸다 ☹ 속상했다 ☺ 외로웠다

★ 오늘 그려보기

직접 그린 그림, 그림 그리는 나의 모습을 그려보세요!

일기 따라 쓰기

제목 : 혼자 그림 그린 날

집에서 혼자 그림을 그렸다. 먼저 색연필로 파란 하늘에 커다란 구름을 그리고, 구름 위에는 토끼가 앉아 있는 모습을 그렸다. 그 옆에는 무지개 미끄럼틀을 타는 가족도 그렸다. 그림을 다 완성하고 엄마에게 보여주니 정말 멋지다며 칭찬해주셨다. 그림을 그릴 때가 가장 행복하다.

일기 쓰기 팁!

그림에서 가장 마음에 드는 부분과 그림을 그리며 한 생각을 한 줄로 써 보세요.

쓰기 위한 쓰기 … 나만의 이야기를 세 문장으로 표현해 보세요.

제목 :

④ 동네에서 자전거 탔던 경험

쓰기 위한 읽기

제목 : 자전거 탄 날

날씨가 좋아서 동네 공원에서 자전거를 탔다. 살짝 긴장했지만, 바람을 맞으며 달릴 때 기분이 정말 좋았다. 친구들과 함께 자전거 경주도 하고, 벤치에 앉아 음료수도 나눠 마셨다. 자전거를 탈 때마다 어디든 갈 수 있을 것 같아 자신감도 생겼다. 신나는 하루였다.

쓰기 위한 생각

★ 따라 쓰는 한마디

"다음엔 더 멀리까지 달려보고 싶다!"

★ 오늘의 기분 표시하기

☺ 신났다 상쾌했다 힘들었다 속상했다 평범했다

★ 오늘 그려보기

자전거 타는 내 모습이나, 친구들과 경주하는 장면을 그려보세요!

일기 따라 쓰기

제목 : 자전거 탄 날

날씨가 좋아서 동네 공원에서 자전거를 탔다. 살짝 긴장했지만, 바람을 맞으며 달릴 때 기분이 정말 좋았다. 친구들과 함께 자전거 경주도 하고, 벤치에 앉아 음료수도 나눠 마셨다. 자전거를 탈 때마다 어디든 갈 수 있을 것 같아 자신감도 생겼다. 신나는 하루였다.

일기 쓰기 팁!

자전거 탈 때 기억에 남은 순간, 느꼈던 감정을 한 줄로 적어보세요.

쓰기 위한 쓰기 … 나만의 이야기를 세 문장으로 표현해 보세요.

제목 :

⑤ 방학 때 배운 새로운 취미

쓰기 위한 읽기

제목 : 새로운 취미

이번 방학에는 새로운 취미에 도전했다. 요리를 배우기 시작했는데 처음에는 재료를 자르는 것도 서툴고 레시피를 잘 따라하지 못해 실수도 많았다. 하지만 점점 자신감이 붙었다. 배운 레시피로 가족에게 오믈렛을 만들어 주었다. 엄마와 아빠가 맛있다고 칭찬해주셔서 기분이 날아갈 듯 좋았다. 앞으로도 계속 새로운 요리를 배우고 싶다.

쓰기 위한 생각

★ 따라 쓰는 한마디

"다음에는 친구에게도 내 요리를 대접하고 싶다!"

★ 오늘의 기분 표시하기

신났다 뿌듯했다 설렜다 재밌었다 평범했다

★ 오늘 그려보기

내가 만든 음식, 가족이 맛있게 먹는 모습을 그려보세요!

일기 따라 쓰기

제목 : 새로운 취미

이번 방학에는 새로운 취미에 도전했다. 요리를 배우기 시작했는데 처음에는 재료를 자르는 것도 서툴고 레시피를 잘 따라하지 못해 실수도 많았다. 하지만 점점 자신감이 붙었다. 배운 레시피로 가족에게 오믈렛을 만들어 주었다. 엄마와 아빠가 맛있다고 칭찬해주셔서 기분이 날아갈 듯 좋았다. 앞으로도 계속 새로운 요리를 배우고 싶다.

일기 쓰기 팁!

취미를 배우면서 생긴 에피소드, 성공한 순간의 기분을 한 줄로 써보세요.

쓰기 위한 쓰기 … 나만의 이야기를 세 문장으로 표현해 보세요.

제목 :

⑥ 친구와 온라인 게임 했던 날

쓰기 위한 읽기

제목 : 온라인 게임

친구와 약속해서 온라인 게임을 같이 했다. 게임 안에서 한 팀이 되어 작전을 짜고 미션도 수행했다. 채팅으로 농담도 하고, 어려운 상황이 오면 서로 힘을 합쳤다. 시간이 어떻게 갔는지 모를 만큼 재미있게 놀았다. 다음에 또 같이 하고 싶다.

쓰기 위한 생각

★ 따라 쓰는 한마디

"함께하면 더 재미있다!"

★ 오늘의 기분 표시하기

☺ 신났다 ☺ 즐거웠다 ☺ 졸렸다 ☹ 아쉬웠다 😐 평범했다

★ 오늘 그려보기

컴퓨터 앞에서 게임하는 모습, 친구와 채팅하는 장면을 그려보세요!

일기 따라 쓰기

제목 : 온라인 게임

친구와 약속해서 온라인 게임을 같이 했다. 게임 안에서 한 팀이 되어 작전을 짜고 미션도 수행했다. 채팅으로 농담도 하고, 어려운 상황이 오면 서로 힘을 합쳤다. 시간이 어떻게 갔는지 모를 만큼 재미있게 놀았다. 다음에 또 같이 하고 싶다.

일기 쓰기 팁!

게임에서 가장 짜릿했던 순간, 친구와 나눈 대화를 한 줄로 써보세요.

쓰기 위한 쓰기 … 나만의 이야기를 세 문장으로 표현해 보세요.

제목 :

⑦ 학원가는 길

쓰기 위한 읽기

제목 : 학원가는 길

학교가 끝나고 학원에 가는 길에 하늘이 분홍색과 주황색으로 물들어 있었다. 길가에 작은 꽃들도 보여서 걸어가는 내내 즐거웠다. 피곤했지만 예쁜 하늘을 보니까 힘이 났다. 학원까지의 길이 짧게 느껴졌다.

쓰기 위한 생각

★ 따라 쓰는 한마디

예쁜 하늘을 보니까 힘이 났다.

★ 오늘의 기분 표시하기

😨 피곤했다 🙂 뿌듯했다 😌 졸렸다 ☹️ 속상했다 ☹️ 지쳤다

★ 오늘 그려보기

학원 가는 길을 그림으로 표현해 보세요!

일기 따라 쓰기

제목 : 학원가는 길

학교가 끝나고 학원에 가는 길에 하늘이 분홍색과 주황색으로 물들어 있었다. 길가에 작은 꽃들도 보여서 걸어가는 내내 즐거웠다. 피곤했지만 예쁜 하늘을 보니까 힘이 났다. 학원까지의 길이 짧게 느껴졌다.

일기 쓰기 팁!

학원가는 길에 보았던 것들을 적어 보세요.

쓰기 위한 쓰기 ··· 나만의 이야기를 세 문장으로 표현해 보세요.

제목 :

⑧ 나만의 독서 시간

쓰기 위한 읽기

제목 : 좋아하는 독서 시간

거실에 앉아 좋아하는 피터팬 책을 읽었다. 피터팬이 후크 선장과 싸우는 장면에서는 마치 함께 있는 것 같아 심장이 두근두근했다. 책을 다 읽고 나서는 '진짜 네버랜드에 가면 어떤 모습일까?' 하고 상상해 보았다. 하늘을 날며 요정 팅커벨을 만나는 상상을 하니 책이 더 재밌어졌다.

쓰기 위한 생각

★ 따라 쓰는 한마디

"책 읽는 시간은 나의 힐링 시간!"

★ 오늘의 기분 표시하기

신났다 당황했다 졸렸다 재밌었다 평범했다

★ 오늘 그려보기

책을 읽는 내 모습이나, 책 속 장면을 상상해서 그려보세요!

일기 따라 쓰기

제목 : 좋아하는 독서 시간

거실에 앉아 좋아하는 피터팬 책을 읽었다. 피터팬이 후크 선장과 싸우는 장면에서는 마치 함께 있는 것 같아 심장이 두근두근했다. 책을 다 읽고 나서는 '진짜 네버랜드에 가면 어떤 모습일까?' 하고 상상해 보았다. 하늘을 날며 요정 팅커벨을 만나는 상상을 하니 책이 더 재밌어졌다.

일기 쓰기 팁!

책에서 인상 깊었던 부분, 주인공에게 하고 싶은 말을 한 줄로 써보세요.

쓰기 위한 쓰기 … 나만의 이야기를 세 문장으로 표현해 보세요.

제목 :

⑨ 유튜브에서 본 신기한 영상

쓰기 위한 읽기

제목 : 신기한 영상

유튜브에서 신기한 마술 영상을 봤다. 손가락만으로 동전을 사라지게 하는 모습이 너무 놀라워 몇 번이나 반복해서 봤다. 나도 할 수 있을 것 같아 집에서 몰래 연습해봤지만 동전이 사라지지 않았다. 마술은 어렵다고 생각했다.

쓰기 위한 생각

★ 따라 쓰는 한마디

"신기한 건 꼭 직접 해보고 싶다!"

★ 오늘의 기분 표시하기

☺ 신났다 ☹ 당황했다 ☺ 즐거웠다 ☹ 속상했다 😐 평범했다

★ 오늘 그려보기

영상 속 마술 장면, 직접 마술을 따라하는 모습을 그려보세요!

일기 따라 쓰기

제목 : 신기한 영상

유튜브에서 신기한 마술 영상을 봤다. 손가락만으로 동전을 사라지게 하는 모습이 너무 놀라워 몇 번이나 반복해서 봤다. 나도 할 수 있을 것 같아 집에서 몰래 연습해봤지만 동전이 사라지지 않았다. 마술은 어렵다고 생각했다.

일기 쓰기 팁!

영상에서 가장 놀란 순간, 직접 도전해 본 것을 한 줄로 써보세요.

쓰기 위한 쓰기 … 나만의 이야기를 세 문장으로 표현해 보세요.

제목 :

⑩ 장난감이 부서진 경험

쓰기 위한 읽기

제목 : 레고가 부서진 날

오랫동안 만든 레고 장난감이 실수로 떨어져서 부서졌다. 처음에는 너무 아쉬워서 눈물이 났다. 하지만 레고니까 다시 만들면 된다고 생각하고 남은 블록을 하나씩 맞추기 시작했다. 예전보다 더 멋진 모습으로 완성된 레고를 보니 뿌듯한 기분이 들었다.

쓰기 위한 생각

★ 따라 쓰는 한마디

"실수해도 다시 하면 돼!

★ 오늘의 기분 표시하기

😦 속상했다 😧 당황했다 🙂 놀랐다 🙂 뿌듯했다 😐 평범했다

★ 오늘 그려보기

장난감이 부서진 모습, 다시 조립하는 모습을 그려보세요!

일기 따라 쓰기

제목 : 레고가 부서진 날

오래 만든 레고 장난감이 실수로 떨어져서 부서졌다. 처음에는 너무 아쉬워서 눈물이 났다. 하지만 레고니까 다시 만들면 된다고 생각하고 남은 블록을 하나씩 맞추기 시작했다. 예전보다 더 멋진 모습으로 완성된 레고를 보니 뿌듯한 기분이 들었다.

일기 쓰기 팁!

실수한 뒤 다시 도전한 경험을 한 줄로 써보세요.

쓰기 위한 쓰기 ··· 나만의 이야기를 세 문장으로 표현해 보세요.

제목 :

쉬어가는 코너

내 취미, 이렇게 써볼래요

취미를 주제로 글을 쓸 때는
단순히 "나는 ~~를 좋아한다"로 끝내지 말고,
아래 3가지를 함께 써 보세요!

1. 취미에 대한 느낌

"그림을 그리면 마음이 편안해져요."

"축구를 하면 땀이 나지만 시원하고 즐거워요."

2. 시작하게 된 계기

"처음엔 친구가 추천해줘서 피아노를 배우게 되었어요."

"책을 읽다가 공룡이 멋있어서 공룡 모형을 모으기 시작했어요."

3. 앞으로 해보고 싶은 것

"나중에는 내가 만든 그림을 전시해 보고 싶어요."

"외국에 가서 다른 나라 친구들과 축구를 하고 싶어요."

2장

계절과 날씨

1. 장마에 집에만 있었던 날
2. 첫눈 온 날
3. 너무 더웠던 여름방학
4. 겨울방학에 눈썰매 타던 날
5. 바람이 많이 불던 날 학교에서 생긴 일
6. 계절별로 좋아하는 일
7. 날씨 때문에 취소된 약속
8. 우산 없이 비 맞고 집에 간 날
9. 봄꽃이 피어나는 걸 본 순간
10. 계절이 바뀌며 달라진 마음

[이건 꼭 익혀주세요!]
쓰다보면 헷갈리는 단어 베스트10

① 비가 와서 집에만 있었던 날

쓰기 위한 읽기

제목 : 비 오는 날

아침부터 비가 쏟아져서 집에만 있었다. 창밖을 바라보며 비 내리는 소리를 듣고 있으니 마음이 차분해졌다. 거실에서 책도 읽고, 엄마와 함께 빵도 구워서 먹었다. 밖에 나가 놀진 못했지만, 오랜만에 가족과 조용한 시간을 보내서 좋았다.

쓰기 위한 생각

★ 따라 쓰는 한마디

비 내리는 소리를 듣고 있으니 마음이 차분해졌다.

★ 오늘의 기분 표시하기

☺ 신났다 ☺ 편안했다 ☺ 졸렸다 ☺ 즐거웠다 ☺ 아쉬웠다

★ 오늘 그려보기

비 내리는 창밖, 가족과 빵 굽는 모습을 그려보세요!

일기 따라 쓰기

제목 : 비 오는 날

아침부터 비가 쏟아져서 집에만 있었다. 창밖을 바라보며 비 내리는 소리를 듣고 있으니 마음이 차분해졌다. 집에서 책도 읽고, 엄마와 함께 빵도 구워서 먹었다. 밖에 나가 놀진 못했지만, 오랜만에 가족과 조용한 시간을 보내서 좋았다.

일기 쓰기 팁!

비 오는 날의 특별한 점, 집에서 한 일을 한 줄로 써보세요.

쓰기 위한 쓰기 … 나만의 이야기를 세 문장으로 표현해 보세요.

제목 :

② 첫눈 온 날

쓰기 위한 읽기

제목 : 첫눈 온 날

아침에 창문을 여니 하얀 눈이 소복이 쌓여 있었다. 동생과 함께 "와, 첫눈이다!" 하고 소리를 질렀다. 학교 가는 길에 눈을 밟으며 갔는데 쏙쏙 들어가는 모습이 신기했다. 우리는 눈을 만지며 깔깔거렸다. 쉬는 시간에는 운동장에 나가 눈싸움도 했다. 온 세상이 하얗게 변하니 왠지 마음도 하얗게 되는 것 같았다.

쓰기 위한 생각

★ 따라 쓰는 한마디

첫눈을 보니 마음이 설렜다.

★ 오늘의 기분 표시하기

☺ 신났다 ☺ 기뻤다 ☺ 설렜다 ☹ 속상했다 ☹ 아쉬웠다

★ 오늘 그려보기

눈 내리는 풍경, 친구들과 눈싸움 하는 모습을 그려보세요!

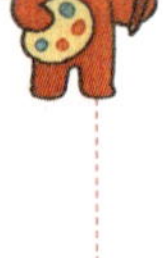

일기 따라 쓰기

제목 : 첫눈 온 날

아침에 창문을 여니 하얀 눈이 소복이 쌓여 있었다. 동생과 함께 "와, 첫눈이다!" 하고 소리를 질렀다. 학교 가는 길에 눈을 밟으며 갔는데 쏙쏙 들어가는 모습이 신기했다. 우리는 눈을 만지며 깔깔거렸다. 쉬는 시간에는 운동장에 나가 눈싸움도 했다. 온 세상이 하얗게 변하니 왠지 마음도 하얗게 되는 것 같았다.

일기 쓰기 팁!

첫눈 오는 날에 하고 싶은 일을 써보세요.

쓰기 위한 쓰기 … 나만의 이야기를 세 문장으로 표현해 보세요.

제목 :

③ 너무 더웠던 여름방학

쓰기 위한 읽기

제목 : 너무 더운 날

아침부터 너무 더워 땀이 줄줄 흘렀다. 집에서는 선풍기 앞에 앉아 아이스크림을 먹으며 쉬었다. 오후에는 친구와 약속해서 근처 수영장에 갔는데 차가운 물에 들어가니 머리까지 시원해졌다. 더운 날씨 덕분에 시원한 물놀이의 재미를 느낄 수 있었다.

쓰기 위한 생각

★ 따라 쓰는 한마디

무더운 날, 시원한 수영장이 최고였다.

★ 오늘의 기분 표시하기

☺ 신났다 ☹ 더웠다 ☺ 시원했다 ☺ 즐거웠다 😐 평범했다

★ 오늘 그려보기

수영장, 아이스크림 먹는 모습, 선풍기 앞에 앉은 나를 그려보세요!

일기 따라 쓰기

제목 : 너무 더운 날

아침부터 너무 더워 땀이 줄줄 흘렀다. 집에서는 선풍기 앞에 앉아 아이스크림을 먹으며 쉬었다. 오후에는 친구와 약속해서 근처 수영장에 갔는데 차가운 물에 들어가니 머리까지 시원해졌다. 더운 날씨 덕분에 시원한 물놀이의 재미를 느낄 수 있었다.

일기 쓰기 팁!

더운 날 가장 하고 싶었던 일, 한 줄로 써보세요.

쓰기 위한 쓰기 … 나만의 이야기를 세 문장으로 표현해 보세요.

제목 :

④ 겨울방학에 눈썰매 타던 날

쓰기 위한 읽기

제목 : 눈썰매장

겨울방학을 맞아 가족과 눈썰매장에 갔다. 하얀 눈밭을 보자마자 동생과 뛰어 들어갔다. 아빠와 함께 눈썰매를 타려고 언덕 꼭대기까지 올라갔는데 발이 푹푹 빠져 힘들었지만 썰매를 탈 생각에 좋았다. 썰매를 타고 미끄러져 내려오는데 정말 시원하고 짜릿했다. 동생과 누가 더 멀리 미끄러지는지 시합도 했다. 온몸이 눈에 젖었지만 썰매타기를 멈출 수 없는 하루였다.

쓰기 위한 생각

★ 따라 쓰는 한마디

온 가족이 함께해서 눈썰매가 더 즐거웠다.

★ 오늘의 기분 표시하기

☺ 짜릿했다 ☺ 즐거웠다 ☺ 행복했다 ☹ 추웠다 ☹ 아쉬웠다

★ 오늘 그려보기

눈썰매 타는 내 모습, 가족과 눈밭에서 노는 장면을 그려보세요!

일기 따라 쓰기

제목 : 눈썰매장

겨울방학을 맞아 가족과 눈썰매장에 갔다. 하얀 눈밭을 보자마자 동생과 뛰어 들어갔다. 아빠와 함께 눈썰매를 타려고 언덕 꼭대기까지 올라갔는데 발이 푹푹 빠져 힘들었지만 썰매를 탈 생각에 좋았다. 썰매를 타고 미끄러져 내려오는데 정말 시원하고 짜릿했다. 동생과 누가 더 멀리 미끄러지는지 시합도 했다. 온몸이 눈에 젖었지만 썰매타기를 멈출 수 없는 하루였다.

일기 쓰기 팁!

눈썰매 탈 때 가장 재미있었던 순간을 적어 보세요.

쓰기 위한 쓰기 … 나만의 이야기를 세 문장으로 표현해 보세요.

제목 :

⑤ 바람이 많이 불던 날 학교에서 생긴 일

쓰기 위한 읽기

제목 : 바람

아침부터 바람이 엄청나게 불었다. 학교 갈 때 모자가 날아갈 뻔해서 모자를 손으로 꼭 잡고 걸었다. 쉬는 시간에는 친구들과 종이비행기를 접어서 날렸는데 바람 때문에 비행기가 멀리까지 날아가 신기했다. 바람에 창문이 흔들려 무섭기도 했지만 친구들과 바람을 이용해 재밌는 놀이를 해서 좋았다.

쓰기 위한 생각

★ 따라 쓰는 한마디

바람 덕에 비행기가 멀리까지 날아가 신기했다.

★ 오늘의 기분 표시하기

☺ 신났다 ☹ 당황했다 ☺ 특별했다 😐 피곤했다 ☺ 재미있었다

★ 오늘 그려보기

종이비행기가 멀리 날아가는 모습을 그려보세요!

일기 따라 쓰기

제목 : 바람

아침부터 바람이 엄청나게 불었다. 학교 갈 때 모자가 날아갈 뻔해서 모자를 손으로 꼭 잡고 걸었다. 쉬는 시간에는 친구들과 종이비행기를 접어서 날렸는데 바람 때문에 비행기가 멀리까지 날아가 신기했다. 바람에 창문이 흔들려 무섭기도 했지만 친구들과 바람을 이용해 재밌는 놀이를 해서 좋았다.

일기 쓰기 팁!

바람 때문에 생긴 재미있는 일이나, 불편했던 점을 한 줄로 써보세요.

쓰기 위한 쓰기 … 나만의 이야기를 세 문장으로 표현해 보세요.

제목 :

⑥ 계절별로 좋아하는 일

쓰기 위한 읽기

제목 : 계절별로 좋아하는 일

나는 계절마다 좋아하는 일이 있다. 따뜻한 봄에는 친구들과 자전거 타는 것을 좋아한다. 여름에는 시원한 수영장이나 얼음물, 수박이 생각난다. 가을이 오면 학교 운동장에서 뛰노는 것도 좋고, 집 근처 산책길에서 예쁜 단풍을 구경하는 것도 행복하다. 겨울에는 하얀 눈밭에서 눈싸움이나 썰매 타기가 제일 신난다. 계절이 바뀔 때마다 좋아하는 일이 달라서 1년이 금방 지나가는 것 같다.

쓰기 위한 생각

★ 따라 쓰는 한마디

"봄, 여름, 가을, 겨울이 다 좋아!"

★ 오늘의 기분 표시하기

☺ 신났다 ☺ 기대됐다 ☺ 졸렸다 ☹ 속상했다 ☺ 행복했다

★ 오늘 그려보기

봄 소풍, 여름 수영장, 가을 단풍길, 겨울 눈밭 등 각 계절의 추억을 그려보세요!

일기 따라 쓰기

제목 : 계절별로 좋아하는 일

나는 계절마다 좋아하는 일이 있다. 따뜻한 봄에는 친구들과 자전거 타는 것을 좋아한다. 여름에는 시원한 수영장이나 얼음물, 수박이 생각난다. 가을이 오면 학교 운동장에서 뛰노는 것도 좋고, 집 근처 산책길에서 예쁜 단풍을 구경하는 것도 행복하다. 겨울에는 하얀 눈밭에서 눈싸움이나 썰매 타기가 제일 신난다. 계절이 바뀔 때마다 좋아하는 일이 달라서 1년이 금방 지나가는 것 같다.

일기 쓰기 팁!

계절이 바뀔 때 가장 하고 싶은 일, 기억에 남는 추억을 한 줄로 써보세요.

쓰기 위한 쓰기 … 나만의 이야기를 세 문장으로 표현해 보세요.

제목 :

⑦ 날씨 때문에 취소된 약속

쓰기 위한 읽기

제목 : 비가 와서 놀지 못한 날

친구와 공원에서 놀기로 했는데 갑자기 비가 쏟아져 약속을 취소했다. 아쉬운 마음에 창문을 열고 빗소리를 들었다. 비록 밖에 나가놀지는 못했지만, 집에서 보드게임도 하고, 가족과 시간을 가질 수 있어서 좋았다.

쓰기 위한 생각

★ 따라 쓰는 한마디

약속이 취소돼서 아쉬웠지만 가족과 시간을 보낼 수 있어서 좋았다.

★ 오늘의 기분 표시하기

아쉬웠다 당황했다 서운했다 속상했다 평범했다

★ 오늘 그려보기

창밖을 바라보는 장면을 그려보세요.

일기 따라 쓰기

제목 : 비가 와서 놀지 못한 날

친구와 공원에서 놀기로 했는데 갑자기 비가 쏟아져 약속을 취소했다. 아쉬운 마음에 창문을 열고 빗소리를 들었다. 비록 밖에 나가놀지는 못했지만, 집에서 보드게임도 하고, 가족과 시간을 가질 수 있어서 좋았다.

일기 쓰기 팁!

비오는 날 집에서 주로 하는 일들을 적어 보세요.

쓰기 위한 쓰기 … 나만의 이야기를 세 문장으로 표현해 보세요.

제목 :

⑧ 우산 없이 비 맞고 집에 온 날

쓰기 위한 읽기

제목 : 비 맞고 집에 온 날

학교가 끝나고 집에 가려는데 갑자기 비가 쏟아졌다. 우산을 안 가져와서 친구와 함께 실내화 신는 곳에서 잠시 기다렸다. 하지만 기다려도 비가 그치지 않아 결국 뛰어서 집으로 왔다. 옷이 다 젖었지만 친구와 비를 맞으며 뛰다 보니 왠지 모르게 웃음이 났다. 가끔은 비를 맞는 것도 재밌다는 생각이 들었다.

쓰기 위한 생각

★ 따라 쓰는 한마디

옷이 다 젖었지만 왠지 모르게 웃음이 났다.

★ 오늘의 기분 표시하기

☺ 신났다 ☹ 시원했다 ☺ 즐거웠다 ☹ 아쉬웠다 ☺ 평범했다

★ 오늘 그려보기

비를 맞으며 달리는 모습을 그려보세요.

일기 따라 쓰기

제목 : 비 맞고 집에 온 날

학교가 끝나고 집에 가려는데 갑자기 비가 쏟아졌다. 우산을 안 가져와서 친구와 함께 실내화 신는 곳에서 잠시 기다렸다. 하지만 기다려도 비가 그치지 않아 결국 뛰어서 집으로 왔다. 옷이 다 젖었지만 친구와 비를 맞으며 뛰다 보니 왠지 모르게 웃음이 났다. 가끔은 비를 맞는 것도 재밌다는 생각이 들었다.

일기 쓰기 팁!

비 오는 날의 특별한 경험, 그날의 기분을 한 줄로 써보세요.

쓰기 위한 쓰기 … 나만의 이야기를 세 문장으로 표현해 보세요.

제목 :

⑨ 봄꽃이 피어나는 걸 본 순간

쓰기 위한 읽기

제목 : 학교 가는 길

학교 가는 길에 꽃이 활짝 피어 있는 것을 봤다. 겨울 내내 앙상했던 나뭇가지에 연분홍 꽃잎이 달려 있으니 정말 신기했다. 잠깐 걸음을 멈추고 꽃향기도 맡아봤다. 친구들과 "봄이 왔구나!" 하며 기분 좋게 웃었다. 계절이 바뀌는 걸 눈으로, 코로, 마음으로 느낀 하루였다.

쓰기 위한 생각

★ 따라 쓰는 한마디

봄꽃을 보니 새 학기가 기대됐다.

★ 오늘의 기분 표시하기

☺ 설렌다 ☹ 당황했다 ☺ 신났다 ☹ 속상했다 ☺ 행복했다

★ 오늘 그려보기

꽃 핀 나무, 길가의 봄 풍경, 꽃을 들여다보는 모습을 그려보세요!

일기 따라 쓰기

제목 : 학교 가는 길

학교 가는 길에 꽃이 활짝 피어 있는 것을 봤다. 겨울내내 앙상했던 나뭇가지에 연분홍 꽃잎이 달려 있으니 정말 신기했다. 잠깐 걸음을 멈추고 꽃향기도 맡아 봤다. 친구들과 "봄이 왔구나!" 하며 기분 좋게 웃었다. 계절이 바뀌는 걸 눈으로, 코로, 마음으로 느낀 하루였다.

일기 쓰기 팁!

가장 예뻤던 꽃, 봄이 와서 하고 싶은 일을 한 줄로 써보세요.

쓰기 위한 쓰기 … 나만의 이야기를 세 문장으로 표현해 보세요.

제목 :

⑩ 계절이 바뀌며 달라진 마음

쓰기 위한 읽기

제목 : 시원한 바람

학교 가는 길에 바람이 시원하게 불었다. 여름에는 더워서 힘들었는데 바람이 부니 상쾌하니 좋았다. 계절이 바뀌니까 내 마음도 새롭다. 학교가 시작될 때처럼 두근두근 기대되는 하루였다.

쓰기 위한 생각

★ 따라 쓰는 한마디

두근두근 기대되는 하루였다.

★ 오늘의 기분 표시하기

설렜다 기대됐다 아쉬웠다 신났다 평범했다

★ 오늘 그려보기

창밖의 풍경, 계절이 바뀌는 장면, 달라진 내 표정을 그려보세요!

일기 따라 쓰기

제목 : 시원한 바람

학교 가는 길에 바람이 시원하게 불었다. 여름에는 더워서 힘들었는데 바람이 부니 상쾌하니 좋았다. 계절이 바뀌니까 내 마음도 새롭다. 학교가 시작될 때처럼 두근두근 기대되는 하루였다.

일기 쓰기 팁!

계절이 바뀔 때마다 하고 싶은 목표나 소망을 한 줄로 써보세요.

쓰기 위한 쓰기 ··· 나만의 이야기를 세 문장으로 표현해 보세요.

제목 :

쓰다 보면 헷갈리는 단어 베스트 10

1. 가르치다 / 가리키다

'가르치다'는 누군가에게 지식이나 방법을 알려 줄 때 쓰는 말이에요.

'가리키다'는 방향을 알려 줄 때 쓰는 말이에요.

예시1) 선생님이 수학을 가르쳐 주셨어요.

예시2) 선생님이 칠판을 가리켰어요.

2. 안 / 않

'안'은 "하지 않는다"는 뜻을 가진 말이에요. 부정 또는 반대의 뜻을 가졌어요.

'않'은 다른 말 뒤에 붙어서 "하지 않는다"는 뜻을 더해 줘요.

예시1) 오늘은 숙제를 안 했어요.

예시2) 나는 거짓말을 하지 않아요.

3. 되어 / 돼어

'되어'는 '되다'에 '-어'가 붙은 말이에요.

이 말은 줄여서'돼'라고 쓸 수 있어요.

'돼어'라는 말은 쓰지 않아요.

예시1) 준비가 다 되어 있어요.

예시2) 준비가 다 돼 있어요.

4. 등굣길 / 등교길

'등굣길'은 학교에 가는 길을 말해요.

'등교길'은 틀린 말이에요.

예시1) 아침 등굣길에 친구를 만났어요.

5. 많이 / 마니

'많이'는 수나 정도가 많을 때 쓰는 말이에요.

'마니'는 틀린 말이에요.

예시1) 오늘은 숙제가 많이 나왔어요.

예시2) 학교에서 급식을 많이 먹었어요.

6. 몇일 / 며칠

'며칠'은 날짜를 셀 때 쓰는 말이에요.

'몇일'은 틀린 말이에요.

예시1) 며칠 동안 비가 왔어요.

예시2) 여행을 며칠 다녀왔어요.

7. 어떡해 / 어떻게

'어떡해'는 '어떻게 해'가 줄어든 말이에요.

걱정, 놀람, 당황의 느낌이 있으면 어떡해!

'어떻게'는 방법을 물을 때 쓰는 말이에요.

예시1) 비가 오는데 어떡해?

예시2) 이 문제를 어떻게 풀어?

8. 같아 / 가타

'같아'는 비슷하다고 말할 때 쓰는 말이에요.

'가타'는 틀린 말이에요.

예시1) 오늘 하늘은 파란색 같아.

예시2) 네 말이 맞는 것 같아.

9. 같이 / 가치

'같이'는 함께라는 뜻이에요.

'가치'는 소중함이나 중요함을 말할 때 쓰는 말이에요.

예시1) 친구와 같이 놀았어요.

예시2) 이 책은 소장할 가치가 있어요.

10. 할게 / 할께

'할게'는 앞으로 하겠다는 약속의 말이에요.

'할께'는 틀린 말이에요.

예시1) 내가 내일 전화할게.

예시2) 숙제는 내가 할게.

3장

디지털과 일상

1. 스마트폰 없이 하루 보내기
2. 게임 시간 지키기 도전
3. 유튜브에 댓글 쓰고 느낀 점
4. SNS에 내 사진 올려 본 날
5. 인터넷에서 올라 온 가짜 광고
6. 온라인 수업 들은 날
7. 태블릿으로 숙제하는 하루
8. 인터넷으로 친구와 대화한 일
9. 게임하다 엄마에게 혼난 날
10. 디지털 기기가 고장 나서 당황한 일

[쉬어가는 코너] 디지털 시대 일기 잘 쓰는 법

실제 겪은 일, 가상(상상) 구별,
디지털 생활의 장단점도 함께 생각해보기

① 스마트폰 없이 하루 보내기

쓰기 위한 읽기

제목 : 스마트폰 없는 날

엄마가 스마트폰 안 쓰는 날을 정했다. 처음에는 친구들하고 연락이 안 되면 어쩌나? 걱정이 됐다. 스마트폰 없이 어떻게 재밌게 놀 수 있을까 고민도 했다. 하지만 시간이 지나면서 편해지기 시작했다. 동생이랑 블록도 맞추고 보드게임도 했다. 하지만 하루가 빨리 지나가 스마트폰을 다시 만나고 싶다.

쓰기 위한 생각

★ 따라 쓰는 한마디

스마트폰이 없으니 다른 놀이를 찾게 됐다.

★ 오늘의 기분 표시하기

신났다 상쾌했다 졸렸다 편안했다 불편했다

★ 오늘 그려보기

스마트폰을 두고 가족과 이야기하는 장면을 그려보세요!

일기 따라 쓰기

제목 : 스마트폰 없는 날

엄마가 스마트폰 안 쓰는 날을 정했다. 처음에는 친구들하고 연락이 안 되면 어쩌나? 걱정이 됐다. 스마트폰 없이 어떻게 재밌게 놀 수 있을까 고민도 했다. 하지만 시간이 지나면서 편해지기 시작했다. 동생이랑 블록도 맞추고 보드게임도 했다. 하지만 하루가 빨리 지나가 스마트폰을 다시 만나고 싶다.

일기 쓰기 팁!

오늘 느낀 스마트폰 없는 하루의 장점을 한 줄로 써보세요.

쓰기 위한 쓰기 … 나만의 이야기를 세 문장으로 표현해 보세요.

제목 :

② 게임 시간 지키기 도전

쓰기 위한 읽기

제목 : 나 자신과의 약속

오늘부터 스스로 시간을 정해두고 게임을 하기로 엄마와 약속했다. 게임을 시작하고 나면 "조금만 더!"라는 생각이 들었지만, 알람이 울리자 약속을 지키고 컴퓨터를 껐다. 처음에는 아쉬웠지만, 남은 시간에 책을 읽고 그림도 그렸다. 나 자신과의 약속을 지키니까 뿌듯했다.

쓰기 위한 생각

★ 따라 쓰는 한마디

게임 시간을 지키니 내 시간이 더 많아졌다.

★ 오늘의 기분 표시하기

☺ 뿌듯했다 　 당황했다 　 아쉬웠다 　 속상했다 　 자랑스러웠다

★ 오늘 그려보기

게임을 끝내고 약속을 지키는 모습을 그림으로 그려보세요.

일기 따라 쓰기

제목 : 나 자신과의 약속

오늘부터 스스로 시간을 정해두고 게임을 하기로 엄마와 약속했다. 게임을 시작하고 나면 "조금만 더!"라는 생각이 들었지만, 알람이 울리자 약속을 지키고 컴퓨터를 껐다. 처음에는 아쉬웠지만, 남은 시간에 책을 읽고 그림도 그렸다. 나 자신과의 약속을 지키니까 뿌듯했다.

일기 쓰기 팁!

스스로 세운 약속, 약속을 지키며 느낀 점을 한 줄로 써보세요.

쓰기 위한 쓰기 … 나만의 이야기를 세 문장으로 표현해 보세요.

제목 :

③ 유튜브에 댓글 쓰고 느낀 점

쓰기 위한 읽기

제목 : 영상에 댓글 달기

오늘 유튜브에서 재미있는 영상을 보고 "매일 보고 싶은 영상입니다."라는 댓글을 썼다. 그런데 어떤 사람이 내 댓글에 답을 달아줘서 신기했다. "저도요"라는 말을 보니 기분이 좋았다. 말이 다른 사람을 기쁘게 할 수도 있다는 걸 알았다. 앞으로는 댓글을 더 예쁘게 써야겠다고 다짐했다.

쓰기 위한 생각

★ 따라 쓰는 한마디

댓글 한 줄도 누군가에게 큰 힘이 된다는 걸 알았다.

★ 오늘의 기분 표시하기

신났다　당황했다　설렜다　조심스러웠다　아쉬웠다

★ 오늘 그려보기

컴퓨터나 스마트폰 앞에서 댓글 쓰는 내 모습, 답글을 확인하는 장면을 그려보세요!

일기 따라 쓰기

제목 : 영상에 댓글 달기

오늘 유튜브에서 재미있는 영상을 보고 "매일 보고 싶은 영상입니다."라는 댓글을 썼다. 그런데 어떤 사람이 내 댓글에 답을 달아줘서 신기했다. "저도요"라는 말을 보니 기분이 좋았다. 말이 다른 사람을 기쁘게 할 수도 있다는 걸 알았다. 앞으로는 댓글을 더 예쁘게 써야겠다고 다짐했다.

일기 쓰기 팁!

내 댓글로 기분이 좋아진 순간, 앞으로 하고 싶은 다짐을 한 줄로 써보세요.

쓰기 위한 쓰기 … 나만의 이야기를 세 문장으로 표현해 보세요.

제목 :

④ SNS에 내 사진 올려 본 날

쓰기 위한 읽기

제목 : SNS에 사진 올린 날

내가 찍은 사진을 SNS에 올렸다. 친구들이 "사진 정말 잘 찍었다"며 댓글을 달아 주었다. 기분이 좋았다. 처음에는 사진을 올리는 게 조금 부끄러웠는데 사람들이 좋아해 주니 신이 났다. 앞으로 사진을 더 많이 찍어서 올리고 싶다.

쓰기 위한 생각

★ 따라 쓰는 한마디

"멋진 추억은 함께 나누면 더 특별하다!"

★ 오늘의 기분 표시하기

☺ 신났다 ☺ 뿌듯했다 ☺ 쑥스러웠다 ☹ 속상했다 ☺ 떨렸다

★ 오늘 그려보기

사진을 올리고 뿌듯한 마음을 그림으로 표현해 보세요.

일기 따라 쓰기

제목 : SNS에 사진 올린 날

내가 찍은 사진을 SNS에 올렸다. 친구들이 "사진 정말 잘 찍었다"며 댓글을 달아 주었다. 기분이 좋았다. 처음에는 사진을 올리는 게 조금 부끄러웠는데 사람들이 좋아해 주니 신이 났다. 앞으로 사진을 더 많이 찍어서 올리고 싶다.

일기 쓰기 팁!

사진을 찍을 때 특별히 신경 쓴 점을 한 줄로 써보세요.

쓰기 위한 쓰기 … 나만의 이야기를 세 문장으로 표현해 보세요.

제목 :

⑤ 인터넷에 올라 온 가짜 광고

쓰기 위한 읽기

제목 : 엄청 싼 장난감

중고 사이트에 장난감이 엄청 싸게 나와 있는 걸 봤다. 너무 신기해서 엄마에게 보여드렸더니, 엄마가 "너무 싸면 오히려 의심해야 한다"고 하셨다. 검색해보니 가짜 사이트였다. 너무 놀랐다. 인터넷을 쓸 때는 항상 조심해야 한다는 걸 알게 되었다. 앞으로는 무조건 가격만 보지 않고, 믿을 만한 곳인지 꼭 확인해야겠다.

쓰기 위한 생각

★ 따라 쓰는 한마디

싸다고 덥석 사면 안 된다는 걸 알았다.

★ 오늘의 기분 표시하기

😊 신났다 😟 당황했다 😨 놀랐다 😌 조심해야겠다 😐 평범했다

★ 오늘 그려보기

컴퓨터 앞에서 검색하는 모습, 엄마와 함께 확인하는 장면을 그려보세요!

일기 따라 쓰기

제목 : 엄청 싼 장난감

중고 사이트에 장난감이 엄청 싸게 나와 있는 걸 봤다. 너무 신기해서 엄마에게 보여드렸더니, 엄마가 "너무 싸면 오히려 의심해야 한다"고 하셨다. 검색해보니 가짜 사이트였다. 너무 놀랐다. 인터넷을 쓸 때는 항상 조심해야 한다는 걸 알게 되었다. 앞으로는 무조건 가격만 보지 않고, 믿을 만한 곳인지 꼭 확인해야겠다.

일기 쓰기 팁!

오늘 배운 인터넷 사용 꿀팁, 앞으로 조심해야 할 점을 한 줄로 써보세요.

쓰기 위한 쓰기 … 나만의 이야기를 세 문장으로 표현해 보세요.

제목 :

⑥ 온라인 수업 들은 날

쓰기 위한 읽기

제목 : 온라인 수업

오늘은 집에서 온라인 수업을 들었다. 선생님 목소리를 컴퓨터로 들으니 처음엔 어색했지만, 점점 익숙해졌다. 질문이 있을 때 채팅으로 물어보기도 하고, 가끔 인터넷이 끊겨서 당황하기도 했다. 집에서 수업을 들으니 편하긴 했지만 친구들과 직접 만날 수 없어 아쉽기도 했다. 그래도 새로운 방식의 공부라 신기했다.

쓰기 위한 생각

★ 따라 쓰는 한마디

온라인 수업은 편리하지만 친구들이 그리웠다.

★ 오늘의 기분 표시하기

☺ 신기했다 ☹ 당황했다 ☺ 편했다 ☹ 아쉬웠다 😐 평범했다

★ 오늘 그려보기

노트북이나 태블릿으로 수업 듣는 모습, 채팅하는 장면을 그려보세요!

일기 따라 쓰기

제목 : 온라인 수업

오늘은 집에서 온라인 수업을 들었다. 선생님 목소리를 컴퓨터로 들으니 처음엔 어색했지만, 점점 익숙해졌다. 질문이 있을 때 채팅으로 물어보기도 하고, 가끔 인터넷이 끊겨서 당황하기도 했다. 집에서 수업을 들으니 편하긴 했지만 친구들과 직접 만날 수 없어 아쉽기도 했다. 그래도 새로운 방식의 공부라 신기했다.

일기 쓰기 팁!

온라인 수업의 장단점을 써보세요.

쓰기 위한 쓰기 … 나만의 이야기를 세 문장으로 표현해 보세요.

제목 :

⑦ 태블릿으로 숙제하는 하루

쓰기 위한 읽기

제목 : 태블릿으로 숙제하기

오늘은 태블릿을 이용해서 숙제를 했다. 수학 문제를 앱으로 풀고, 영어 단어도 게임처럼 맞혀봤다. 평소에 종이로 하던 숙제와는 달라서 재밌었다. 가끔 오타가 나서 다시 고쳐야 했지만, 빨리 정답을 확인할 수 있어서 좋았다. 덕분에 숙제가 재밌게 느껴졌다.

쓰기 위한 생각

★ 따라 쓰는 한마디

태블릿 덕분에 숙제가 더 재밌게 느껴졌다.

★ 오늘의 기분 표시하기

☺ 신났다 ☺ 당황했다 ☺ 뿌듯했다 ☺ 즐거웠다 ☹ 아쉬웠다

★ 오늘 그려보기

태블릿으로 문제 푸는 모습, 정답 확인하는 장면을 그려보세요!

일기 따라 쓰기

제목 : 태블릿으로 숙제하기

오늘은 태블릿을 이용해서 숙제를 했다. 수학 문제를 앱으로 풀고, 영어 단어도 게임처럼 맞혀봤다. 평소에 종이로 하던 숙제와는 달라서 재밌었다. 가끔 오타가 나서 다시 고쳐야 했지만, 빨리 정답을 확인할 수 있어서 좋았다. 덕분에 숙제가 재밌게 느껴졌다.

일기 쓰기 팁!

디지털로 공부하며 느낀 편리함, 주의할 점을 한 줄로 써보세요.

쓰기 위한 쓰기 … 나만의 이야기를 세 문장으로 표현해 보세요.

제목 :

⑧ 인터넷으로 친구와 대화한 일

쓰기 위한 읽기

제목 : 채팅

친구랑 채팅을 했다. 방학동안 있던 일을 이야기했다. 고민도 나누고, 귀여운 이모티콘도 보내며 많이 웃었다. 직접 만나지 않아도 이렇게 이야기할 수 있어서 기뻤다. 대화가 끝난 뒤에도 기분이 좋아 나도 모르게 웃음이 나왔다. 채팅 덕분에 친구와 더 친해진 것 같아 뿌듯했다.

쓰기 위한 생각

★ 따라 쓰는 한마디

인터넷 덕분에 친구와 더 가까워졌다.

★ 오늘의 기분 표시하기

☺ 즐거웠다 ☺ 신났다 ☺ 고마웠다 ☹ 속상했다 😐 평범했다

★ 오늘 그려보기

채팅하는 장면, 이모티콘을 주고받는 모습을 그려보세요!

일기 따라 쓰기

제목 : 채팅

친구랑 채팅을 했다. 방학동안 있던 일을 이야기했다. 고민도 나누고, 귀여운 이모티콘도 보내며 많이 웃었다. 직접 만나지 않아도 이렇게 이야기할 수 있어서 기뻤다. 대화가 끝난 뒤에도 기분이 좋아 나도 모르게 웃음이 나왔다. 채팅 덕분에 친구와 더 친해진 것 같아 뿌듯했다.

일기 쓰기 팁!

채팅에서 가장 재미있었던 대화, 친구에게 하고 싶은 말을 한 줄로 써보세요.

쓰기 위한 쓰기 ··· 나만의 이야기를 세 문장으로 표현해 보세요.

제목 :

⑨ 게임하다 엄마에게 혼난 날

쓰기 위한 읽기

제목 : 게임에 빠진 날

오늘은 게임에 너무 빠져 시간이 가는 줄 몰랐다. 엄마가 "이제 그만!"이라고 하셨는데, 나도 모르게 "조금만 더!"라고 대답했다가 혼났다. 게임만 하면 왜 이렇게 시간이 빨리 가는지 모르겠다. 혼난 뒤엔 반성하며 게임 시간을 줄이기로 다짐했다.

쓰기 위한 생각

★ 따라 쓰는 한마디

게임 시간을 꼭 지켜야겠다고 생각했다.

★ 오늘의 기분 표시하기

☺ 신났다 ☹ 당황했다 ☹ 속상했다 ☹ 아쉬웠다 😐 평범했다

★ 오늘 그려보기

게임하다 엄마와 대화하는 모습, 약속하는 장면을 그려보세요!

일기 따라 쓰기

제목 : 게임에 빠진 날

오늘은 게임에 너무 빠져 시간이 가는 줄 몰랐다. 엄마가 "이제 그만!"이라고 하셨는데, 나도 모르게 "조금만 더!"라고 대답했다가 혼났다. 게임만 하면 왜 이렇게 시간이 빨리 가는지 모르겠다. 혼난 뒤엔 반성하며 게임 시간을 줄이기로 다짐했다.

일기 쓰기 팁!

내가 지켜야 할 약속, 좋아하는 것의 소중함을 한 줄로 써보세요.

쓰기 위한 쓰기 … 나만의 이야기를 세 문장으로 표현해 보세요.

제목 :

⑩ 디지털 기기가 고장 나서 당황한 일

쓰기 위한 읽기

제목 : 태블릿이 고장 났다

아침에 태블릿이 갑자기 켜지지 않았다. 아빠랑 이것저것 눌러 봤지만 소용이 없었다. 결국 숙제 파일을 열지 못해 숙제를 할 수가 없었다. 당황했다. 앞으로는 숙제를 미리 해야겠다고 다짐했다.

쓰기 위한 생각

★ 따라 쓰는 한마디

태블릿은 편리하기도 하지만 불편한 점도 있다.

★ 오늘의 기분 표시하기

☺ 신났다 ☹ 당황했다 ☺ 졸렸다 ☹ 속상했다 ☺ 평범했다

★ 오늘 그려보기

태블릿을 만지는 모습, 아빠와 함께 고치는 장면을 그려보세요!

일기 따라 쓰기

제목 : 태블릿이 고장 났다

아침에 태블릿이 갑자기 켜지지 않았다. 아빠랑 이것저것 눌러 봤지만 소용이 없었다. 결국 숙제 파일을 열지 못해 숙제를 할 수가 없었다. 당황했다. 앞으로는 숙제를 미리 해야겠다고 다짐했다.

일기 쓰기 팁!

태블릿으로 숙제했던 경험을 글로 표현해 보세요. 어떤 점이 편했고 어떤 점이 불편했나요?

쓰기 위한 쓰기 … 나만의 이야기를 세 문장으로 표현해 보세요.

제목 :

쉬어가는 코너

★ 디지털 시대에 일기 잘 쓰는 법

1. 실제 있었던 일과 상상 구별하기

- 오늘 내가 진짜로 겪은 일을 먼저 떠올려요.
- 상상한 이야기는 “만약 ~라면” “꿈에서 ~했다” 같은 말로 시작해 구별해 주면 좋아요.

예: “오늘 태블릿이 고장 났다. (실제 경험)”
“만약 태블릿 속에 요정이 살면 어떨까? (상상)”

2. 디지털 생활과 연결하기

- 스마트폰, 태블릿, 컴퓨터 등 디지털 기기와 관련된 일을 적어도 좋아요.
- 공부, 게임, 친구와의 채팅 등 디지털 생활에서 느낀 좋았던 점과 불편했던 점을 함께 적어 보세요.

예: “친구와 채팅으로 이야기해서 즐거웠다. 하지만 눈이 조금 아팠다.”

3. 짧고 솔직하게 쓰기

- 긴 문장보다 짧고 쉬운 말로 쓰면 읽기 쉽고 재미있어요.
- “나는 ~했다.”, “기분이 ~했다.” 같은 기본 문장을 활용해 보세요.

  예: “아빠랑 태블릿을 고쳐 봤다. 안 돼서 속상했다.”

4. 내 생각이나 다짐 덧붙이기

- 배운 점이나 다짐도 함께 쓰면 일기가 풍성해 져요.

  예: “앞으로는 숙제를 미리 해야겠다고 생각했다.”

5. 이모티콘, 그림, 사진 활용하기

- 이모티콘이나 그림을 활용하면 재미있어요.
- 태블릿이나 휴대폰으로 사진을 찍어 붙여도 좋아요.

디지털 생활의 장단점 함께 생각하기

요즘은 태블릿, 스마트폰, 컴퓨터 같은 디지털 기기로 공부도 하고 친구와 소통도 해요. 하지만 디지털 기기에 너무 의지하면 불편한 점도 생길 수 있어요.

장점: 빠르게 자료를 찾을 수 있다, 멀리 있는 친구와도 쉽게 연락할 수 있다.
단점: 기계가 고장 나면 불편하다, 너무 오래 사용하면 눈이 피곤하다.

4장

학교와 사회

1. 급식 맛있었던 날
2. 학교 앞 문방구에 들른 날
3. 운동회에서 실수한 경험
4. 반장선거 나갔던 이야기
5. 청소 시간에 벌어진 소동
6. 학교에서 발표한 날
7. 재미있는 동아리 활동
8. 봉사활동에 참여한 경험
9. 학교 축제에 참여한 날
10. 선생님께 감사 편지 쓴 날

[이건 꼭 익혀주세요!] 글씨가 삐뚤빼뚤할 때 쓰는 팁

글씨를 예쁘게 쓰는 4가지 방법, 습관 만들기

① 급식이 맛있었던 날

쓰기 위한 읽기

제목 : 급식에 치킨이 나온 날

급식에서 내가 제일 좋아하는 치킨이 나왔다. 친구들도 진짜 맛있다며 많이 먹고 싶다고 했다. 급식이 별로일 때도 있지만 오늘처럼 맛있는 메뉴가 나오면 하루가 훨씬 신나게 느껴진다. 남김없이 싹싹 먹고 나니 기분까지 좋아졌다.

쓰기 위한 생각

★ 따라 쓰는 한마디

맛있는 급식 덕분에 하루가 행복했다.

★ 오늘의 기분 표시하기

☺ 신났다 ☺ 만족했다 ☺ 즐거웠다 ☹ 속상했다 ☹ 아쉬웠다

★ 오늘 그려보기

급식 먹는 장면, 친구들과 웃으며 밥 먹는 모습을 그려보세요!

일기 따라 쓰기

제목 : 급식에 치킨이 나온 날

급식에서 내가 제일 좋아하는 치킨이 나왔다. 친구들도 진짜 맛있다며 많이 먹고 싶다고 했다. 급식이 별로일 때도 있지만 오늘처럼 맛있는 메뉴가 나오면 하루가 훨씬 신나게 느껴진다. 남김없이 싹싹 먹고 나니 기분까지 좋아졌다.

일기 쓰기 팁!

오늘 가장 맛있었던 메뉴, 다음에 나왔으면 하는 급식을 글로 표현해 보세요.

쓰기 위한 쓰기 … 나만의 이야기를 세 문장으로 표현해 보세요.

제목 :

② 학교 앞 문방구에 들른 날

쓰기 위한 읽기

제목 : 친구와 문방구에 간 날

학교가 끝나고 친구와 문방구에 들렀다. 새 연필, 귀여운 지우개, 알록달록 한 노트 등 사고 싶은 게 많았다. 서로 고른 물건을 보여주며 "이거 어때?" 하면서 이야기했다. 하지만 문방구에 자주 가면 용돈이 부족할 수 있으니 일주일에 한 번만 가야겠다고 다짐했다.

쓰기 위한 생각

★ 따라 쓰는 한마디

문방구에는 사고 싶은 게 많다.

★ 오늘의 기분 표시하기

☺ 신났다 ☺ 즐거웠다 ☺ 졸렸다 ☹ 속상했다 ☹ 아쉬웠다

★ 오늘 그려보기

문방구 안에서 물건을 고르는 내 모습, 친구와 대화하는 장면을 그려보세요!

일기 따라 쓰기

제목 : 친구와 문방구에 간 날

학교가 끝나고 친구와 문방구에 들렀다. 새 연필, 귀여운 지우개, 알록달록한 노트 등 사고 싶은 게 많았다. 서로 고른 물건을 보여주며 "이거 어때?" 하면서 이야기했다. 하지만 문방구에 자주 가면 용돈이 부족할 수 있으니 일주일에 한 번만 가야겠다고 다짐했다.

일기 쓰기 팁!

오늘 고른 물건 중 가장 마음에 드는 것, 문방구에서 행복한 감정을 한 줄로 써보세요.

쓰기 위한 쓰기 … 나만의 이야기를 세 문장으로 표현해 보세요.

제목 :

③ 운동회에서 실수한 경험

쓰기 위한 읽기

제목 : 운동회

오늘은 기다리던 운동회 날이었다. 나는 달리기 경기에 나갔는데 출발 신호를 듣고 너무 긴장해서 잠깐 넘어질 뻔했다. 친구들의 응원 소리에 힘을 내서 다시 달렸지만, 1등은 놓쳤다. 처음엔 속상했지만 친구들이 "괜찮아! 잘했어!"라고 응원해줘서 용기가 났다. 결과보다 최선을 다했다는 사실이 중요하다는 걸 배운 하루였다.

쓰기 위한 생각

★ 따라 쓰는 한마디

"최선을 다하면 그걸로 충분해!"

★ 오늘의 기분 표시하기

떨렸다 속상했다 졸렸다 자랑스러웠다 평범했다

★ 오늘 그려보기

달리기 하는 내 모습, 친구들이 응원하는 장면을 그려보세요!

일기 따라 쓰기

제목 : 운동회

오늘은 기다리던 운동회 날이었다. 나는 달리기 경기에 나갔는데 출발 신호를 듣고 너무 긴장해서 잠깐 넘어질 뻔했다. 친구들의 응원 소리에 힘을 내서 다시 달렸지만, 1등은 놓쳤다. 처음엔 속상했지만 친구들이 "괜찮아! 잘했어!"라고 응원해줘서 용기가 났다. 결과보다 최선을 다했다는 사실이 중요하다는 걸 배운 하루였다.

일기 쓰기 팁!

실수 후 느낀 점, 다음에 더 잘하고 싶은 마음을 한 줄로 써보세요.

쓰기 위한 쓰기 … 나만의 이야기를 세 문장으로 표현해 보세요.

제목 :

④ 반장 선거 나갔던 이야기

쓰기 위한 읽기

제목 : 반장 선거

오늘 반장 선거가 있었다. 나는 용기를 내어 처음으로 반장 후보에 나갔다. 친구들 앞에서 "저는 우리 반을 밝게 만들고 싶어요!"라고 발표했다. 발표하는 내내 심장이 쿵쾅거리고 손이 떨렸지만, 친구들의 응원과 박수 소리에 힘을 냈다. 아쉽게도 반장으로 뽑히지는 못했지만, 도전해 본 것만으로도 나 자신이 자랑스러웠다.

쓰기 위한 생각

★ 따라 쓰는 한마디

반장 선거에 나간 내 자신이 정말 대견했다.

★ 오늘의 기분 표시하기

떨렸다 자랑스러웠다 아쉬웠다 속상했다 뿌듯했다

★ 오늘 그려보기

발표하는 내 모습, 친구들이 박수치는 장면을 그려보세요!

일기 따라 쓰기

제목 : 반장 선거

오늘 반장 선거가 있었다. 나는 용기를 내어 처음으로 반장 후보에 나갔다. 친구들 앞에서 "저는 우리 반을 밝게 만들고 싶어요!"라고 발표했다. 발표하는 내내 심장이 쿵쾅거리고 손이 떨렸지만, 친구들의 응원과 박수 소리에 힘을 냈다. 아쉽게도 반장으로 뽑히지는 못했지만, 도전해 본 것만으로도 나 자신이 사랑스러웠다.

일기 쓰기 팁!

도전했던 이유와 발표할 때 가장 떨렸던 순간을 한 줄로 써보세요.

쓰기 위한 쓰기 … 나만의 이야기를 세 문장으로 표현해 보세요.

제목 :

⑤ 청소 시간에 벌어진 소동

쓰기 위한 읽기

제목 : 청소 시간

청소 시간에 친구들과 장난을 치다가 물을 엎질렀다. 모두 놀라서 "어떡해!" 라고 외치면서 다 같이 걸레를 들고 열심히 닦았다. 덕분에 평소보다 교실은 더 깨끗해졌다. 실수로 시작했지만 청소 시간이 즐거운 시간이 되었다.

쓰기 위한 생각

★ 따라 쓰는 한마디

실수로 시작했지만 청소 시간이 즐거운 시간이 되었다.

★ 오늘의 기분 표시하기

당황했다 즐거웠다 신났다 고마웠다 평범했다

★ 오늘 그려보기

친구들과 바닥을 닦는 모습, 웃으며 청소하는 장면을 그려보세요!

일기 따라 쓰기

제목 : 청소 시간

청소 시간에 친구들과 장난을 치다가 물을 엎질렀다. 모두 놀라서 "어떡해!"라고 외치면서 다 같이 걸레를 들고 열심히 닦았다. 덕분에 평소보다 교실은 더 깨끗해졌다. 실수로 시작했지만 청소 시간이 즐거운 시간이 되었다.

일기 쓰기 팁!

소동이 벌어진 순간 든 생각을 한 줄로 써보세요.

쓰기 위한 쓰기 … 나만의 이야기를 세 문장으로 표현해 보세요.

제목 :

⑥ 학교에서 발표한 날

쓰기 위한 읽기

제목 : 발표

국어 시간에 책을 읽고 내 생각 말하기를 했다. 처음에는 생각을 말하는 게 쉽지 않았지만, 한 문장씩 또박또박 말하다 보니 점점 자신감이 생겼다. 발표가 끝나고 선생님께서 잘했다며 칭찬해주셨다. 다음에는 더 잘 할 수 있을 것 같다.

쓰기 위한 생각

★ 따라 쓰는 한마디

다음에는 더 잘 할 수 있을 것 같다.

★ 오늘의 기분 표시하기

☺ 뿌듯했다 ☹ 떨렸다 ☺ 신났다 ☹ 속상했다 😐 평범했다

★ 오늘 그려보기

발표하는 내 모습, 칭찬하는 선생님을 그려보세요!

일기 따라 쓰기

제목 : 발표

국어 시간에 책을 읽고 내 생각 말하기를 했다. 처음에는 생각을 말하는 게 쉽지 않았지만, 한 문장씩 또박또박 말하다 보니 점점 자신감이 생겼다. 발표가 끝나고 선생님께서 잘했다며 칭찬해주셨다. 다음에는 더 잘 할 수 있을 것 같다.

일기 쓰기 팁!

발표하면서 가장 떨렸던 순간을 글로 표현해 보세요.

쓰기 위한 쓰기 … 나만의 이야기를 세 문장으로 표현해 보세요.

제목 :

⑦ 재미있는 동아리 활동

쓰기 위한 읽기

제목 : 대형 그림

미술 동아리에서 친구들과 함께 대형 그림을 그렸다. 그림을 그리면서 서로 아이디어도 나누고, 도와주면서 재미있는 시간을 보냈다. 각자 좋아하는 색으로 칠했는데 완성된 모습을 보니 정말 멋있었다.

쓰기 위한 생각

★ 따라 쓰는 한마디

친구들과 협동해 멋진 작품을 만들었다.

★ 오늘의 기분 표시하기

☺ 신났다 ☺ 즐거웠다 ☺ 뿌듯했다 ☹ 속상했다 😐 평범했다

★ 오늘 그려보기

동아리에서 함께 그림 그리는 장면, 완성된 그림을 들고 있는 모습을 그려보세요!

일기 따라 쓰기

제목 : 대형 그림

미술 동아리에서 친구들과 함께 대형 그림을 그렸다. 그림을 그리면서 서로 아이디어도 나누고, 도와주면서 재미있는 시간을 보냈다. 각자 좋아하는 색으로 칠했는데 완성된 모습을 보니 정말 멋있었다.

일기 쓰기 팁!

오늘 동아리에서 가장 재미있었던 순간을 한 줄로 써보세요..

쓰기 위한 쓰기 … 나만의 이야기를 세 문장으로 표현해 보세요.

제목 :

⑧ 봉사활동에 참여한 경험

쓰기 위한 읽기

제목 : 봉사활동

학교에서 봉사활동을 했다. 친구들과 함께 동네 공원에서 쓰레기를 주웠는데 쓰레기봉투가 금세 무거워졌다. 봉사가 끝나고 나니 공원이 더 깨끗해진 것 같아 뿌듯했다. 앞으로도 기회가 있으면 또 참여하고 싶다.

쓰기 위한 생각

★ 따라 쓰는 한마디

"봉사 활동을 하고나니 뿌듯했다."

★ 오늘의 기분 표시하기

뿌듯했다 　보람찼다 　힘들었다 　자랑스러웠다 　피곤했다

★ 오늘 그려보기

공원에서 쓰레기 줍는 모습을 그림으로 표현해 보세요.

일기 따라 쓰기

제목 : 봉사활동

학교에서 봉사활동을 했다. 친구들과 함께 동네 공원에서 쓰레기를 주웠는데 쓰레기봉투가 금세 무거워졌다. 봉사가 끝나고 나니 공원이 더 깨끗해진 것 같아 뿌듯했다. 앞으로도 기회가 있으면 또 참여하고 싶다.

일기 쓰기 팁!

봉사활동에서 기억에 남는 일, 느낀 점을 한 줄로 써보세요.

쓰기 위한 쓰기 ··· 나만의 이야기를 세 문장으로 표현해 보세요.

제목 :

⑨ 학교 축제에 참여한 날

쓰기 위한 읽기

제목 : 학교 축제

오늘은 기다리던 학교 축제였다. 우리 반은 합창 공연을 준비했는데, 무대에 올라가자마자 심장이 두근두근 뛰었다. 하지만 부모님과 친구들이 손뼉을 치며 응원해줘서 힘이 났다. 공연이 끝난 뒤에는 친구들과 풍선이 가득한 포토존에서 사진을 찍으며 즐거운 추억을 만들었다. 뿌듯한 하루였다.

쓰기 위한 생각

★ 따라 쓰는 한마디

축제에서 친구들과 멋진 추억을 만들었다.

★ 오늘의 기분 표시하기

☺ 설렜다 ☹ 당황했다 ☺ 행복했다 ☹ 속상했다 😐 평범했다

★ 오늘 그려보기

공연하는 모습, 친구들과 사진 찍는 장면을 그려보세요!

일기 따라 쓰기

제목 : 학교 축제

오늘은 기다리던 학교 축제였다. 우리 반은 합창 공연을 준비했는데, 무대에 올라가자마자 심장이 두근두근 뛰었다. 하지만 부모님과 친구들이 손뼉을 치며 응원해 줘서 힘이 났다. 공연이 끝난 뒤에는 친구들과 풍선이 가득한 포토존에서 사진을 찍으며 즐거운 추억을 만들었다. 뿌듯한 하루였다.

일기 쓰기 팁!

축제에서 가장 즐거웠던 순간, 마음에 남는 추억을 한 줄로 써보세요.

쓰기 위한 쓰기 … 나만의 이야기를 세 문장으로 표현해 보세요.

제목 :

⑩ 선생님께 감사 편지 쓴 날

쓰기 위한 읽기

제목 : 감사 편지

오늘은 수학을 재미있게 가르쳐 주신 담임 선생님께 감사 편지를 썼다. 글씨를 또박또박 적었는데 다시 보니 삐뚤빼뚤했다. 잘 접어서 스티커도 붙였다. 수업이 끝나고 선생님께 드리니, 선생님이 환하게 웃으셨다. 나도 좋았다.

쓰기 위한 생각

★ 따라 쓰는 한마디

글씨를 또박또박 적었는데 다시 보니 삐뚤빼뚤했다.

★ 오늘의 기분 표시하기

☺ 따뜻했다 ☺ 기뻤다 ☺ 뿌듯했다 ☹ 속상했다 ☺ 부끄러웠다

★ 오늘 그려보기

편지를 쓰는 모습, 선생님과 웃는 장면을 그려보세요!

일기 따라 쓰기

제목 : 감사 편지

오늘은 수학을 재미있게 가르쳐 주신 담임 선생님께 감사 편지를 썼다. 글씨를 또박또박 적었는데 다시 보니 삐뚤빼뚤했다. 잘 접어서 스티커도 붙였다. 수업이 끝나고 선생님께 드리니, 선생님이 환하게 웃으셨다. 나도 좋았다.

일기 쓰기 팁!

선생님께 전하고 싶었던 말, 편지를 쓴 소감을 한 줄로 써보세요.

쓰기 위한 쓰기 ··· 나만의 이야기를 세 문장으로 표현해 보세요.

제목 :

이건 꼭 익혀주세요!

글씨가 삐뚤빼뚤할 때 쓰는 팁

1. 줄 공책을 활용하기

줄 노트나 원고지처럼 줄이 있는 공책을 이용하면 줄을 눈으로 확인할 수 있어서 글씨를 바르게 쓸 수 있어요.

2. 한 글자씩 천천히 쓰기

너무 빨리 쓰면 글자가 삐뚤어지기 쉬워요. 글씨를 쓸 때는 급하지 않게, 한 글자씩 또박또박 눌러 쓰는 연습을 해 보세요.

3. 바른 자세로 앉기

몸을 책상에 바짝 붙이고, 허리를 꼿꼿하게 세우면 글씨가 안정적으로 나와요. 연필을 잡을 때도 손가락에 힘을 너무 주지 말고, 편안하게 잡는 것이 중요해요.

4. 글씨 크기 맞추기

큰 글씨와 작은 글씨가 섞이면 삐뚤어져 보일 수 있어요. 한 줄에 같은 크기로, 일정한 간격을 두고 쓰도록 노력해 보세요.

★ 글씨 크기를 맞추기가 어렵다면 원고지 노트를 사용해서 글자 연습을 해 보세요.

글씨는 하루아침에 예뻐지지 않아요.
위의 습관을 차근차근 지키다 보면,
누구나 반듯하고 보기 좋은 글씨를 쓸 수 있게 된답니다.

하루 한 장으로 시작하는

초등 첫 일기 필사

2